答え(こた)のない道徳(どうとく)の問題(もんだい)

どう解(と)く？

未来(みらい)を切(き)り開(ひら)くキミへ

ぶん：やまざきひろし　え：きむらよう・にさわだいらはるひと ＋ 小学生のみんな

さて、問題です

つぎのふたつの問いの
ちがいってなんだろう？

① 3 + 5 = ?

② ついていい嘘と、
　 ついちゃいけない嘘って、
　 どうちがうんだろう？

それは、
決まった答えが
あるか、ないかのちがい。
①の答えは「8」のひとつだけ。
だけど、②はいろいろな答えが出そうだよね。

普段、キミは学校や家で
答えのある問題に挑戦することが
多いんじゃないかな。

でも、大人になると、
どう解いたらいいかわからない
答えのない問題が増えてくるんだ。

たとえば、SDGsって、聞いたことあるかな？
SDGsは、世界中の環境、差別、貧困といった問題を、
みんなで解決しよう、という目標なんだ。

これらの問題は、
いろいろなことを考えないといけなくてとても難しい。
SDGs以外にも、世界にはみんなで解決しないと
いけない問題がたくさんあるんだ。

でも、ちょっと考えてみよう。
どうして環境を大事にしないといけないの？
どうして人にやさしくしないといけないの？
どうして貧しい人たちが生まれてしまうの？

この本では、それらの問題の解決方法を考えるのではなく、
なぜその問題を考えることが大事なのか、
根本から見つめ、話し合っていきたいんだ。

もくじ

この本のよみかた	・・・08
てんさい、どう解く？	・・・14
てんき、どう解く？	・・・18
みらい、どう解く？	・・・22
おかね、どう解く？	・・・26
ゆうき、どう解く？	・・・30
ぼきん、どう解く？	・・・34
べんり、どう解く？	・・・38
ぜつめつ、どう解く？	・・・42
かんきょう、どう解く？	・・・46
びょうどう、どう解く？	・・・50
リサイクル、どう解く？	・・・54
やすみ、どう解く？	・・・58
へいわ、どう解く？	・・・62
考えるためのヒント	・・・66
あとがき	・・・94

この本のよみかた

まずは答えのない問題をみて、
自分の意見を出してみよう。

そのあとに、お父さん、お母さん、
友だち、先生と話し合ってみよう。
話し合いのヒントを用意したので、
ぜひ参考にしてみて。

考えかたのヒントは『答えのない道徳の問題 どう解く？ 正解のない時代を生きるキミへ』にのっているよ。気になったらチェックしてみて。

1 えがおで楽しく話し合おう！
はじめはきんちょうするかもしれないけど、
ニコニコ笑って楽しいふんいきをつくろう。

2 思ったことはどんどん発言しよう！
こんなこと言うと笑われるかな、なんて心配しなくて大丈夫。
自分の考えを伝えることは、すばらしいことなんだ。

3 どんな意見も否定しない！
自分とはちがう考えも聞いてみよう。新しい考えをしれる
チャンスだよ。話し合いは、聞くことも大事なんだ。

4 わからないときは、パスでOK！
意見を聞かれても難しかったり、考えがまとまってない
ときもあるよね。そんなときは、「わからない」で大丈夫。

どんな会話をしたら
いいかのヒントだよ。
参考にしてみて。

「たとえば、どんなことかな？」
と聞いてみる。

考えがまとまっていないときは、
言葉にするのが難しい。
そんなときは、具体的に話してもらうと、
理解しやすくなるかも。

「どうしてそう思うの？」
と聞いてみる。

意見を聞いたら、質問してみよう。
話している人も、深く考えることで、
新しい考えに気づけるかも。

「そうだね！そうだね！」
とうなずいてみる。

話を聞くときは、聞く姿勢も大事。
相づちをうったり、うなずいたりしよう。
聞いてくれていると思うと、
相手は話しやすいんだ。

「もし〜だったら、
どうかな？」
と聞いてみる。

先生だったらどうかな？
昔の人だったらどうかな？
自分とはちがう立場を
想像することで、
話し合いの幅が広がるかも。

「私は〜だと思うけど、
どうかな？」
と言ってみる。

話を聞くばかりではなく、
自分の意見も伝えてみよう。
新しい話し合いが生まれるかも。

「それは気づかなかったな〜」
と言ってみる。

意見を聞いて感心したり、
おもしろいなと思ったら、
素直にそのおどろきを表現しよう。

「それって、みんなは
どう思う？」と
たずねてみる。

話しているうちに、自分の意見が
正しい、と思ってしまうことも。
そんなときは、他の人の考えも
聞いてみよう。

さあ、準備はいいかな。
答えのない問題に挑戦だ。

てんさい、どう解く？

「テストでいい点をとることだけが、
頭がいいってことじゃないぞ」って、
おじいちゃんが言ってた。

本当に頭がいい人って、

どんな人のことを言うんだろう？

てんき、どう解く？

雨が降ると、

動物も植物も

うれしそう。

「いい天気」って聞くと、
どうして晴れの日を
想像しちゃうんだろう？

みらい、どう解く？

地球の未来のために

自然を大切にしよう、

と先生が言った。

どうして自分がいない未来のことを、
考えないといけないんだろう？

おかね、どう解(と)く？

お年玉をもらったら、

お母さんから「貯金しておくね」と

言われた。

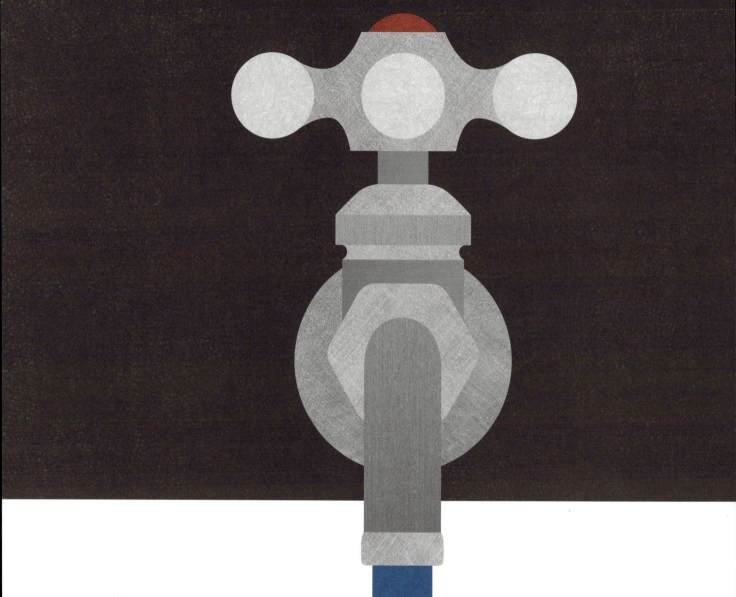

お金は使うのと

貯金するのでは、どっちがいいんだろう？

ゆうき、どう解く？

ヒーローって、

困っている人を助けるから、

かっこいいなあ。

ヒーローにあこがれるのに、
現実ではなかなか人を助けることが
できないのはなぜだろう？

ぼきん、どう解(と)く？

街で募金している人がいた。

募金って、お父さんが小さいころから

あったんだって。

ずっと募金しているのに、
どうして困っている人は
減らないんだろう？

べんり、どう解く？

AI(エーアイ)に聞(き)けば、

なんでも教(おし)えてくれるなあ。

AIに聞けばわかるのに、

どうして学ぶ必要って

あるんだろう？

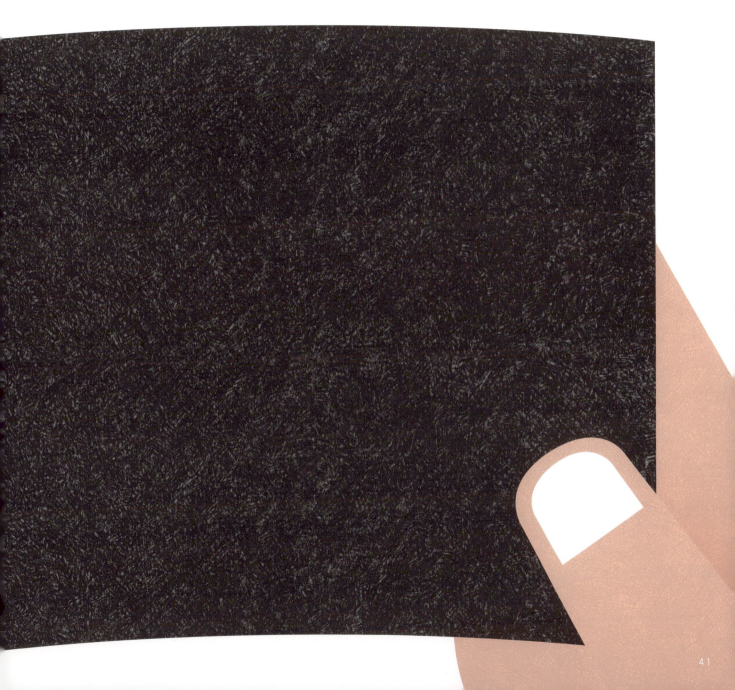

ぜつめつ、どう解く？

トキやパンダのように、
保護される動物もいる。
でも、のら犬やのら猫は
処分されたりする。

数の少ない動物は守られるのに、
どうして数の多い動物は、
大切にされないんだろう？

かんきょう、どう解く？

夏の暑い日。

キンキンに冷えた部屋で、

冷たいアイスを食べるって、

最高だな〜。

地球が傷つくのに、

便利な生活をやめようとしないのは

どうしてだろう？

びょうどう、どう解く？

「ちゃんと言うこと聞きなさい！」って
お母さんは言う。
でも、大人でもまちがってることもあるなあ。

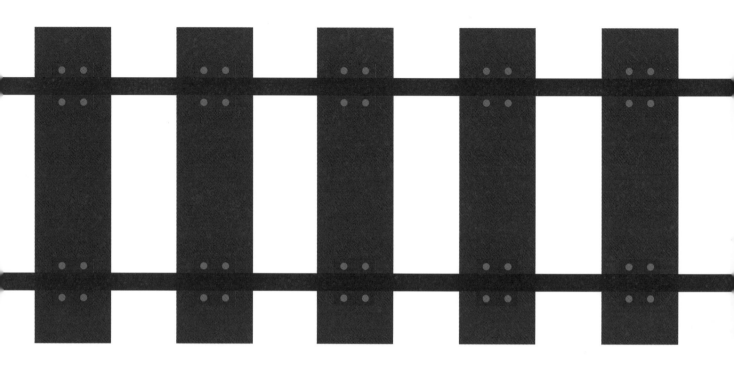

どうして子どもは、大人の言うことを聞かなきゃいけないんだろう？

リサイクル、どう解く？

環境のために、

「リサイクルをがんばろう」と

お父さんは言う。

「そもそもゴミを出さないようにしよう」と

お母さんは言う。

リサイクルすることと、
ゴミを出さないこと、
どっちが大切なんだろう？

やすみ、どう解く？

夏休み。

一日中ゴロゴロしてたら、

「なにかしなさいよ」と

お母さんに言われた。

どんなことして過ごす休みが、

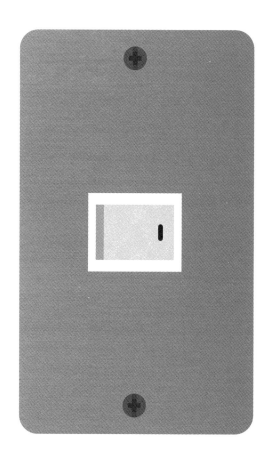

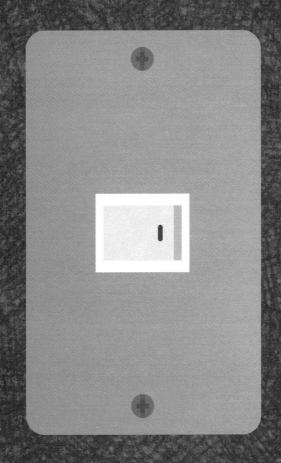

いい休みって言うんだろう？

へいわ、どう解く？

ケンカになったら、
「話し合いが大事！」って先生が言ってた。
でも、桃太郎も、3びきの子ぶたも、
さるかに合戦も、敵を退治しちゃうなあ。

どうして昔話って、
話し合いもせずに、
暴力で解決しちゃうんだろう？

考(かんが)えるためのヒント

もしかしたら、

こんな考(かんが)えかたがあったりするかも。

子(こ)どもや大人(おとな)、いろいろな人(ひと)から

いろいろな意見(いけん)があつまりました。

もちろんここにのっているものが

正解(せいかい)ではないよ。

考(かんが)えるためのヒントにしてみて。

いろんなアイデアを
考えられる人。

仲間をつくれる人。
だって、頭のいい人たちと
友だちになれば、
みんなで考えられるから。

ノーベル賞をとった人。

本当に頭がいい人って、
どんな人のことを
言うんだろう？

学校の先生！ 聞いたら
なんでも教えてくれるから。

テストでいい点数をとれれば、頭がいいと思っていたかな?
でも、おじいちゃんは、それだけが頭がいいってことじゃないと言ったんだよね。
テストでいい点数をとることは、もちろんいいことだけど、それだけではないんだ。
「頭のいい人」というのは、「どんな人だろう」と自分で考えることのできる人のことではないかしら。
ほかの人から「頭がいいのは、こういう人だ」と言われたら、それを信じてしまうのでは、情けないよね。
いろんなことを、まずは自分の頭で考えようとする人。そういう人が本当の意味で頭のいい人だと僕は思うんだ。
え? いま僕が言ったことを「そう、そう」と思ってしまった? 大丈夫かなあ……。

池上 彰(ジャーナリスト)

記憶力がいい人のことだと思う。
だってテストでいい点がとれるから。

やさしくて、誰とも仲良くできる人。

考えたこともなかった。
晴れの日は、いい天気って思っていただけかも。

雨の日の方が、いい天気。
お花がお水を飲めるから。

晴れも雨もいいこと、悪いことは両方あるけど、雨の方が『悪いこと』が多いからじゃないかな？ぬれる、かさやかっぱを用意しなくちゃいけない、洗濯物がかわかない、運動会や花火大会のイベントが中止になる、とかね。雨の日のいいことは植物が育つ、あとは何だろう？うーん、あ、好きな人と相合い傘ができるかも！まぁ僕は相合い傘をできたことはなかったけどね……！

富澤 たけし（お笑いコンビ・サンドウィッチマン）

「いい天気」って聞くと、
どうして晴れの日を
想像しちゃうんだろう？

お米を育てたり、
雨が降らないと困る
人はたくさんいる。
晴れだけがいい天気
とは言えない。

てるてるぼうずが、
晴れることを
願っているから。

もし運動会で雨が降ると、
運動会ができないから、
晴れの日がいい天気だと思う。

昔の人がそうやって
未来のことを考えてくれたから、
今があるんだよ。

これから先を
生きる人のために。
地球をきれいにして
バトンを渡すのは
カッコいいよね。

もし自分が生まれかわったときに、
未来が悪いといやだから。

どうして自分がいない
未来のことを、
考えないといけないんだろう？

自分がいない未来のことは、なかなか想像できないですよね。
未来のために、今、何かをがまんしないといけないとしたら、どうして？ と思いますよね。
宇宙から地球を見た時、地球が本当に青く、生きているかのように輝いていたことにおどろきました。
そして、地球にもどってきた時、風や緑や水や土などの自然が、当たり前ではなく、とてもありがたいと思いました。
命と同様、地球の自然も、一度失ってしまうと元にもどせなくなります。だからこそ、今の生活の便利さと、自然保護のバランスをどうとるのか、みんなで、悩みながらも取り組み続けることが大切だと思います。
アメリカ先住民には、「地球は未来の子どもたちからの預かりもの」、という格言があるんですよ。
未来に住む子どもたちに、この地球をより良い形でつないでいけたらすてきだと思いませんか。

山崎 直子（宇宙飛行士・日本宇宙少年団（YAC）理事長）

未来のためじゃない。
自分のため。
そんな意識で
毎日すごすのが大事。

自分も自然の一部。
自然を大切にするのは自分を大切にすること。

自然を大切にして、きれいな自然を自分の
子どもに見せてあげたくないですか？

お金は使うのと貯金するのでは、どっちがいいんだろう？

わからない。だけど、お金について考えることは大事だと思う。

僕自身はお年玉を完全に親に預けて、貯金してもらうタイプでした。自分で管理していたらきっとすぐに使い切っていたでしょう。基本、お金は労働と引きかえに得るものです。しかしお年玉はそうではありません。労力ゼロでもらえるのです。本来ならば、ないお金なんです。お年玉はお金であってお金じゃない、ただのラッキーなのです。そんなラッキーが蓄積されて、けっこうな額になっていたらと思うとずっと笑顔でいられますね。嫌なことがあってもヘラヘラできちゃうかも。大きなお金が必要なタイミングはちょいちょいあります。貯金することを基本とし、必要なときに使う、が良いのではないでしょうか。音楽を始めたい！となったときに、すぐに楽器を買うこともできるでしょう。ためていたラッキーで手に入るのですから、お年玉貯金に一票！

田中 光（お笑い芸人・漫画家・絵本作家）

使うほうがいい。
使う練習をしないと、
お金の使い方がわからないから。

どっちも大事。
バランスが大事
なんじゃないかな。

貯金。
本当に使いたいときに
使えるように、
ためておくことは大事。

ほしいものがある時は、
それに必要なお金を
ためるのがいいと思う。
僕は新しいグローブがほしいから、
お年玉やおこづかいを
がんばってためている。

夢や目標のためにためるのは、
素敵なことだと思う。

ホントにその通りだね。ぼくもヒーローになりたかったけど、なれなかった。ぼくがヒーローになれなかったのは、自分の中に弱さがいっぱいあって、それとたたかうことが好きじゃなかったし、ときにはつらかったからなんだ。ヒーローになった人って、ぼくと反対に、自分の中の弱さとがんばってたたかって、かっこいいところを人の前で見せ続けられた人だよね。えらいと思うけど、そういう人って、自分の弱さを見せられないから、意外とつらかったんじゃないかな。ぼくは、だから、ヒーローにならなくてよかったと思っている。弱い自分も大事な自分。それと気長につきあっている今の自分が、けっこういいと思っている。ヒーローは、なれる人だけになってもらおう。

汐見 稔幸（教育学者）

そんな人がいるといいなと思うから、ヒーローが生まれたんだと思う。ぼくもヒーローをみならって、人にやさしくなりたい。

ヒーローの話は、作り話だから。そんなことできるわけないよ。

勇気がないからかもしれない。だからみんなヒーローにあこがれるんじゃないかな。

> 人間は弱いから。
> 行動することが難しい。

> 現実の世界には、法律とか裁判とかあるから。それがヒーローのかわりになってくれる。もしなぐったりしたら、つかまってしまう。

> そんなことないよ。
> 僕は弱い人を助けているよ。

> ヒーローにあこがれるのに、現実ではなかなか人を助けることができないのはなぜだろう？

ずっと募金しているのに、
どうして困っている人は
減らないんだろう？

そもそも困っている
人を助けるのに、
お金を渡すことって
いいことなのかな。

募金で問題を解決しても、
また新しい問題が出てくるから。

私は募金をしたことないから
わからないけど、
みんなの募金じゃ足りない
くらい、世界にはいろんな
問題があるから。

もしかしたら、
誰かが横取り
してたりするのかな。

世界中で、困っている人がどんどん増えているんだと思う。

世界の貧困率は、1990年は約36％。
2015年は約10％なんだって。
だから減っているのかと思ってた。
でも、数字だけじゃ、よくわからないや。

コンビニエンスストアのレジの所や、飲食店でもよく見かける募金箱。テレビ番組や、ラジオ番組でも募金をお願いする場合もあるね。日本だけでなく、世界規模の募金もあるね。世界には、食べ物が簡単に手に入らなくて困っていたり、具合が悪くなってもお医者さんにみてもらう事ができない国で生きている人がたくさんいます。そういう人たちが少しでも豊かに暮らしてもらえるように……という募金。
日本国内でも、毎年のように大きな地震や災害があるね。だから、困っている人はなかなか減らないんだよ。
じゃあ、どれだけ募金すればよいのか。募金箱があったら必ず募金しなきゃダメなのか。
まず、大事なのは「気持ち」。あとは「何があったのか」を知る事。募金は、金額じゃないの。たとえば、お年玉を全部募金します！！　とかはやらなくて大丈夫。1円でも10円でも募金に協力したら、何の募金箱なのか、何が困っていて、お金があればどう解決するのか……どんな災害だったのか……これを知って欲しいです。
そして、できるだけ忘れないで欲しいんです。いつか、自分が住んでいる地域が災害にあい大変な状況になるかも知れません。その時は、日本中……いや世界中の人たちがきっと自分たちの事を助けてくれます。
だから「おたがい様」なの。無理のない金額で、金額よりも気持ちを乗せて募金に協力してみましょう。
自分の大事なお金だもんね、何に関しての募金なのかがわかってからでも全くおそくないから、ぜひ、調べてみてください。募金と寄付のちがいは、またの機会に一緒に考えてみましょう！

伊達　みきお（お笑いコンビ・サンドウィッチマン）

AIに聞けばわかるのに、どうして学ぶ必要ってあるんだろう？

機械は、電池が切れたら終わりだから。

AIは使いこなせばいい相棒になると思う。今までは大変だった調べものなんかも、あっという間。時間の節約になる。じゃあ節約できた時間で、何をしようか？ たとえば私が作っている短歌は、日々の暮らしから小さな感動を言葉にしていくもの。五七五七七の五七五をAIに入れてみると、数秒で百首くらいの七七をつけて短歌を完成させてくれる。だったら、私はもう短歌を作る必要はないのかな？ ここで気づくのは、短歌を作る楽しみは、完成品を並べることではなく、作る過程なんだということ。自分の心は自分の言葉でしか言い表せない。そこんところはAIには任せたくない。AIと人間の分担を考えること、これからはとても大事になっていくと思う。

俵 万智（歌人）

人類が、AIに支配されないようにするため。

人間に教えてくれる機械を
つくるのは、人間だから。
学ぶ必要がある。

どう聞けば、いい答えを
教えてくれるのか。
聞くためのチカラも大事
だから、学ぶのが必要。

AIがまちがってたら
どうするの？ それを、
人が判断しないといけない。

AIに聞くとか関係ない。
学ぶことは楽しいことだから、学ぶんだよ。

数の少ない動物は守られるのに、どうして数の多い動物は、大切にされないんだろう？

けっきょく見た目が、かわいいかかわいくないかのちがいなのかな……。

残念だけど、人間の好きな動物は大切にされる。

多いうちは、大切さに気づけないから。少なくなって気づくなんて、本当に人間はよくない。

「絶滅危惧種」、そう聞くとなにか守らなくてはならないものだと感じる人が多いのではないかな？
でも実は同じ絶滅危惧種の中でも、守られる生き物とそうではないものもいる。
たとえば私が暮らすアフリカのサバンナでは、クロサイが絶滅危惧種として注目をあつめている。
動物園でも人気者のサイは保護活動が世界中で行われ、たくさんの応援や寄付金があつまる。
一方で同じ絶滅危惧種のジュリアナキンモグラは、見た目が地味だからか、地中にいるからか、
存在すら知らない人がほとんど。
地球の生き物たちはみんな、自然の絶妙なバランスの中で、それぞれが欠かせない役割を果たしています。
人間の感情だけで動くのではなく、生態系全体を、生き物みんなが暮らせる生息地を守ることが
大切なのかもしれません。

太田 ゆか（南アフリカ政府公認サファリガイド）

ちがいはわからないけど、
いま1日に100種の生物が
絶滅してる。1年間で
約40,000種が絶滅してるって。

人間をおそったり
悪さしようとする
動物は、大切に
されない。

ちがいなんてない。
どっちも大切にしないといけない。
命は比べるものじゃないと思う。

地球が傷つくのに、
便利な生活をやめようとしないのは
どうしてだろう？

みんな自分さえよければいいと思っている。地球のことなんて気にしてない人が多い。

便利な生活をすることと、地球を傷つけることは別だと思う。

地球のこと考えて生活している人たちもいっぱいいるよ。地球を傷つけない方法を考えないといけない。

誰のための環境問題？ 地球のため？ 人間のため？ 正解はないと思うけれど僕の考えかたはね
「地球のための環境問題」なら地球に人間がいないのが一番いいと思うな。だってゴミをたくさん
捨てたり、空気や海や川の水を汚すのは人間ばかり。でも、人間が地球に誕生したのは変えられないし、
いまさら、文明も何もないころの原始人みたいな生活に戻れないよね。だから、僕は「人間のための
環境問題」って思うようにしたんだな。だって環境破壊で一番困るのは人間じゃないかな。電気って
僕たちの生活でとても大切だよね。車に乗るにもガソリンを使ったり。それを全て「ダメ！」ってしたら
生きていくの大変だよね。人間がこれからも健康に生きていくために地球で開発したらその分
森を作ったり新しい技術を取り入れて地球を助けてあげればいいんじゃないかな。
便利な生活をした分、地球に「ありがとう」って何かひとつをお返ししたらいいと思うよ。

野口 健（登山家・環境活動家）

過去に傷つけたと思うから、
少しでもなおせるように頑張ってる。

地球の声は、人間に
聞こえないから。

いまさら便利な生活を
やめることはできないよ。

大人は、キミよりも長い時間を生きていてさまざまな経験をしている。例えば、車がギリギリを通り過ぎてヒヤリとしたり、油がはねてヤケドしたり。話を移す。電気もネットもない狩猟して生活する時代。「どうもうな野生動物がいる」「この先はがけがあって危険」などの知識があるものが優先的に生き残った。その生死に直結する情報は、大人から子どもへと受けつがれたはず。そして、「言うことを聞かないとケガをしたり命を失うよ」と言われたことだろう。話を戻す。「お母さんの言うことを聞きなさい」は、言いかえれば「お母さんはここまでこうやって生き残ってきたのだからあなたもまねした方がいい」と言える。キミより豊富な経験を伝える事でできるかぎり安全に育ってほしいという考えがそこに溶け込んでいる。しかし、疑問を持って意見を言うのはキミに与えられた当然の権利。そんな時は、「アドバイスをありがとうお母さん」から始めよう。なごやかになるかもね。

あばれる君（お笑い芸人）

大人は、大人の前に人生の先輩だから。

大人も昔は子どもだったから、子どものためになることを知ってるから。

大人が世界のルールを決めているから。

> 逆に質問だけど、どうして大人の言うこと聞きたくないのかな？素直に聞けばいいじゃん。

> ずっと昔から、子どもは大人の言うこと聞いてきたから。

> 子どもの言うことが正しい時もあるよね。

> どうして子どもは、大人の言うことを聞かなきゃいけないんだろう？

こういうことを考えなくてもいい社会を作らないといけない。

考えてみると、ゴミってどうなったらゴミなんだろう？

ゴミは出さない方がいいに決まってるよ。

「ゴミが減ればリサイクルなんて必要ないじゃん！」と思うだろう。私も基本的にはそう思う。しかし、本当にゴミを減らすことだけがいつでも最適なのだろうか？　今の社会は「捨てる」ことなしには成り立たない。缶もペットボトルもくり返し使うと劣化する。レジ袋のゴミを減らそうとしてエコバッグをくり返し使うなら、洗わないと袋に菌が残るが、はたして洗剤の環境への影響は……？
複雑な問題には、ビシッと決まるひとつだけの解答は存在しない。ゴミを減らすこと、リサイクルをすること、どちらがベストな場面もある。毎回たくさん迷い、考えぬいた上で行動にうつすことが大事だと私は思う。
そして行動にうつす勇気は、きっと「知識」によって生み出されるのだ。学び続けよう。

伊沢 拓司（クイズプレーヤー）

- リサイクルするのは当たり前で、リサイクルできないものを、ゴミって言うんじゃないかな。

- リサイクルすることと、ゴミを出さないこと、どっちが大切なんだろう？

- どっちも大事。なるべくゴミを出さないようにがんばって、それでも捨てなきゃいけないものは、できるだけリサイクルすればいい。

- 物を作るときから、ゴミにならない物を作ればいいんじゃない。

- ゴミ箱があるから、みんなゴミを出すんじゃないかな？

どんなことして過ごす休みが、
いい休みって言うんだろう？

時間を忘れて、
ゆっくり寝ること。

家族でいっしょに
過ごせることかな。
友だちでもいい。

からだを休められる日。
休みなのに、やることが多いと
逆につかれちゃう。

一人でできる好きなことを5つあげて、ランキングにしてみよう。
ゲームでもマンガでもユーチューブでも自転車でも実験でも料理でもなんでもいい。
そのランキングに入ったことを毎日、5位から1位まで1時間ずつやってみよう。
好きなものをやり続ける夏休み。夏休みが終わるとき、もっと好きなものが見つかってるかもしれない。

鈴木 おさむ（スタートアップファクトリー代表）

休みの日に、
次の休みに何しようかな
と思える日。

寝るときに、今日もいい1日だった、
と充実感があるとき。

お父さんは、お昼からビールを
飲めるのが、いい休みだって言ってた。

どうして昔話って、話し合いもせずに、暴力で解決しちゃうんだろう？

そうじゃないと物語が面白くないから。

暴力で解決しない昔話だってたくさんあるから、問題がかたよっていて変だと思う。

昔の時代には、今みたいに法律がなかったから、暴力で解決しちゃうのかも。

暴力で解決するのってよくないよねが、教訓となって、話し合いが大事といま言われてるじゃないかな。

昔は話し合って解決する、という選択肢がなかったのかも。話し合うことは最近の価値観かも知れない。

暴力じゃない。正義の鉄拳。悪者は倒さないとダメだから。

昔から物語を読む動機のひとつに、悪い人を正義の味方にやっつけてもらい、スカッとしたいという目的があります。しかしリアルに戦争がはじまると、一概にどちらが正義か簡単にジャッジができない。暴力で解決しようとすると相手にはうらみだけが残って報復され、戦いは終わらなくなってしまうんですね。「かいけつゾロリ」がアニメ化される時、ゾロリに武器を持たせられないか、と提案されました。でもあまり戦いを描きたくなかった私は、ゾロリの武器はおならとおやじギャグにしてほしいとたのんだのです。おならの臭さで戦意喪失させられますし、おやじギャグで相手が凍れば戦えなくなる。それはゾロリの1巻目でゾロリに剣を持たせ、相手におそいかかるシーンを描いた反省でもありました。そこからゾロリの下品度は増しましたが、暴力で解決するより平和に解決するゾロリであってほしいという思いで今も描き続けているのです。

原ゆたか（児童書作家）

あとがき

考えることは、楽しいこと。
話し合うことは、気づくこと。
ちがいを知ることは、学びになること。

そんな風に読んでもらえたらと、「どう解く？」3巻目を制作しました。
今回のテーマは、社会課題やSDGsに関すること。
それらの多くは、どう解決するかに目がいきがちです。
でも、そもそもなぜその問題を考えることが大事なのでしょう。
根本を考えることで、見えていなかった価値観に気づけるかもしれません。

女性が働くことがめずらしい時代がありました。
今は男性も女性も仕事をすることは選択肢のひとつになっています。
そこにいたるまで、さまざまな人の考えや行動によって、
価値観はつくられていったはずです。

数十年後。この本を手にとった子どもたちが、
なんでこんな当たり前のことを考えているのかな？ と思えるように、
今ある価値観をアップデートさせていくこと。
それが、この時代を生きる僕たちの使命なのかもしれません。

山﨑 博司・木村 洋・二澤平 治仁

作者

ぶん / やまざき ひろし（山﨑 博司）
1983年生まれ。早稲田大学大学院修了。
コピーライター/クリエイティブディレクター。現在、二児の父。

え / きむら よう（木村 洋）
1980年生まれ。京都精華大学卒業。
アートディレクター。現在、二児の父。

え / にさわだいら はるひと（二澤平 治仁）
1975年生まれ。明治大学卒業後に渡米。
Academy of Art University卒業。
アートディレクター。現在、二児の父。

製作

え・デザイン /
あおき さとこ（青木 慧子）

解答者一覧

あばれる君（あばれるくん）お笑い芸人
1986年生まれ、福島県出身。駒澤大学法学部卒業。中学・高校教員（社会）の免許を持つ。読書好きで特に好きなのが冒険小説。著書に『自分は、家族なしでは生きていけません。』（ポプラ社）がある。

田中 光（たなか ひかる）お笑い芸人・漫画家・絵本作家
1982年生まれ、京都府出身。お笑い芸人の活動をしながら、漫画家・絵本作家として作品を多数発表。『サラリーマン山崎シゲル』シリーズ（ポニーキャニオン）『おばけのかわをむいたら』（文響社）『ぱんつさん』『そそそそ』（ポプラ社）他。

池上 彰（いけがみ あきら）ジャーナリスト
慶応義塾大学卒業後、NHKに記者として入局。事件、事故、災害、消費者問題、教育問題等を取材。独立後は海外を飛び回り取材・執筆を続けている。『伝える力』（PHP研究所）『知らないと恥をかく世界の大問題』シリーズ（KADOKAWA）『なぜ、世界は"右傾化"するのか』（ポプラ社、共著）など著書多数。
Photo:中西裕人

俵 万智（たわら まち）歌人
1962年大阪府生まれ。早稲田大学第一文学部卒業。1987年に第一歌集『サラダ記念日』（河出書房新社）を出版、大ベストセラーになる。『未来のサイズ』『アボカドの種』（KADOKAWA）『プーさんの鼻』（文藝春秋）『チョコレート革命』（河出書房新社）など、歌集・著書多数。

伊沢 拓司（いざわ たくし）クイズプレーヤー
1994年生まれ。埼玉県出身。東京大学経済学部卒業。中学時代よりクイズ研究部に所属し、開成高校時代には、全国高等学校クイズ選手権2連覇を達成。クイズを題材としたウェブメディア『QuizKnock』を運営する㈱QuizKnock代表。

富澤 たけし（とみざわ たけし）お笑いコンビ・サンドウィッチマン
1974年生まれ。宮城県出身。1998年9月、伊達みきおと共にお笑いコンビ・サンドウィッチマンを結成、ボケ担当。みやぎ絆大使をはじめ、地元・宮城県の活動も多い。

太田 ゆか（おおた ゆか）南アフリカ政府公認サファリガイド
日本人女性初のアフリカ政府公認サファリガイド。立教大学観光学部卒業。南アフリカのサファリガイド訓練校に入学し現地の資格を取得後、2016年からクレータークルーガー国立公園にてガイドとして活動。

野口 健（のぐち けん）登山家・環境活動家
1973年生まれ。1999年エベレストの登頂に成功し、7大陸最高峰世界最年少登頂記録を25歳で樹立。2007年エベレストをチベット側から登頂に成功。NPO法人ピーク・エイドの理事長として、様々な社会貢献活動を行っている。

汐見 稔幸（しおみ としゆき）教育学者
専門は教育学、教育人間学、保育学、育児学。東京大学名誉教授・白梅学園大学名誉学長・全国保育士養成協議会会長・日本保育学会理事（前会長）。『学校とは何か』（河出書房新社）『子どもの「じんけん」まるわかり』（ぎょうせい）など著書多数。

原 ゆたか（はら ゆたか）児童書作家
1953年、熊本県生まれ。1987年刊行の児童書『かいけつゾロリ』シリーズ（ポプラ社）は、「同一作者によって物語とイラストが執筆された単一児童書シリーズの最多巻数」として2022年にギネス世界記録に認定された。

鈴木 おさむ（すずき おさむ）スタートアップファクトリー代表
1972年生まれ。千葉県出身。19歳の時に放送作家としてデビュー。様々なコンテンツを生み出す。2024年、放送作家・脚本業を引退し、TOC向けファンド「スタートアップファクトリー」を立ち上げ、代表を務める。

山崎直子（やまざき なおこ）宇宙飛行士・日本宇宙少年団（YAC）理事長
2010年スペースシャトル・ディスカバリー号に搭乗し、国際宇宙ステーション（ISS）組立補給ミッションに従事した。2011年宇宙航空研究開発機構（JAXA）退職後、内閣府宇宙政策委員会委員、一般社団法人Space Port Japan代表理事などを歴任する。

伊達 みきお（だて みきお）お笑いコンビ・サンドウィッチマン
1974年生まれ。宮城県出身。1998年9月、富澤たけしと共にお笑いコンビ・サンドウィッチマンを結成、ツッコミ担当。みやぎ絆大使をはじめ、地元・宮城県の活動も多い。

答えのない道徳の問題　どう解く？　未来を切り開くキミへ

2025年　1月　第1刷

文／やまざき　ひろし
絵／きむら　よう　にさわだいら　はるひと

絵・デザイン／青木 慧子

発行者／加藤裕樹　編集／仲地ゆい　花立健
発行所／株式会社ポプラ社
〒141-8210 東京都品川区西五反田 3-5-8 JR 目黒 MARC ビル 12 階
ホームページ www.poplar.co.jp
印刷・製本／中央精版印刷株式会社
© Hiroshi Yamazaki　Yo Kimura　Haruhito Nisawadaira　2025
ISBN978-4-591-18308-3　N.D.C. 914　97P　19㎝　Printed in Japan

落丁・乱丁本はお取り替えいたします。ホームページ（www.poplar.co.jp）
のお問い合わせ一覧よりご連絡ください。
本書のコピー、スキャン、デジタル化等の無断複製は著作権法上での例外を
除き禁じられています。本書を代行業者等の第三者に依頼してスキャンや
デジタル化することは、たとえ個人や家庭内での利用であっても著作権法上
認められておりません。

P4900389

答えのない道徳の問題 どう解く？

考えるチカラを育てる本

「ついていい嘘と、ついちゃいけない嘘ってどうちがうんだろう？」
「人数が多いほうが、正しいってどうして言えるんだろう？」
世の中にある、たくさんの「答えのない問題」について、深く考え、話し合ってみよう！

『答えのない道徳の問題 どう解く？』

ぶん／やまざきひろし
え／きむらよう　にさわだいらはるひと

【テーマ】
せんそう／いじめ／ともだち／かぞく／うそ／びょうどう／すき／べんきょう／いのち／たべもの／せいぎ／ゆめ／らしさ

【解答者】
池上彰／大野更紗／尾木直樹／汐見稔幸
谷川俊太郎／那須正幹／能町みね子
羽生善治／坂東元／平松洋子／増田ユリヤ
水谷隼／ミッツ・マングローブ
敬称略

『答えのない道徳の問題 どう解く？ 正解のない時代を生きるキミへ』

ぶん／やまざきひろし
え／きむらよう　にさわだいらはるひと

【テーマ】
しぜん／おかね／がっこう／ねっちゅう／ジェンダー／ペット／できる／はたらく／ガマン／あい／SNS／つよさ／どりょく

【解答者】
あばれる君／池上彰／伊沢拓司／今泉忠明
上野千鶴子／サンシャイン池崎／汐見稔幸
鈴木福／高岸宏行（お笑いコンビ・ティモンディ）
壇蜜／中川翔子／松岡修造／丸山桂里奈
敬称略

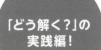

「どう解く？」の実践編！

『10歳からできる 自分のあたまで 考えること』

著／どう解く？制作委員会
QuizKnock